AF562642

LA FRANCE

DEMANDE

SAINT-DOMINGUE.

PAR

M. LE COMTE DE LÉAUMONT,

COLONEL D'INFANTERIE, ET CHEVALIER DE L'ORDRE ROYAL ET MILITAIRE DE SAINT-LOUIS.

PARIS.

IMPRIMERIE DE LE NORMANT, RUE DE SEINE.

1817.

LA FRANCE

DEMANDE

SAINT-DOMINGUE.

Sans SAINT-DOMINGUE, pas de prospérité pour la France ;

Sans SAINT-DOMINGUE, plus de prospérité pour ses cultures, ses manufactures, son commerce et sa marine ;

Sans SAINT-DOMINGUE, enfin, pas de bonheur, pas de paix intérieure pour la France.

L'EXPÉRIENCE a suffisamment prouvé que la force comme la puissance des nations s'augmente en raison des moyens employés par leur gouvernement, pour donner de l'activité à tous les ressorts de leur industrie, et cette industrie s'accroît toujours en proportion de l'étendue, de la richesse et de la fertilité du sol, et de la situation topographique.

Celle de la France l'appelle à un commerce universel : elle faisoit ce commerce il y a trente ans; et les produits que donnoit sa colonie de Saint-Domingue étoient immenses. Seule, cette colonie produisoit annuellement *trois cents millions de sucre*, et *cent vingt millions de café*, sans compter d'autres denrées qui en étoient également exportées. Les trois quarts de ces productions coloniales entroient dans nos échanges avec l'étranger, et laissoient en faveur de la France une balance de soixante à soixante-dix millions, qu'elle recevoit en numéraire effectif, comme l'a démontré si clairement et si victorieusement M. Necker, dans son ouvrage de l'Administration des Finances, tom. II, pag. 113, chap. 3, *des Recherches et Considérations sur la Balance du Commerce de la France.* Il s'expliquoit ainsi :

« Le commerce des manufactures et celui » des denrées d'Amérique, composent les » trois quarts des exportations du royaume.

» Une pareille connoissance ne doit point » être exempte d'inquiétudes, car l'un et » l'autre de ces commerces sont susceptibles » d'événemens : le débit considérable des

» manufactures ; quoique favorisé par la
» perfection de l'industrie française, et par
» l'habitude des autres nations, n'est pas
» moins exposé à des diminutions impré-
» vues.

» Les productions de la main-d'œuvre ne
» ressemblent pas aux dons privilégiés du
» sol et du climat.

» Les hommes sont partout capables d'un
» travail intelligent : on peut donc, dans les
» diverses contrées de l'Europe, apprendre
» à fabriquer tout ce qu'on va chercher dans
» un pays étranger ; on peut apprendre à
» s'en passer, etc.

» C'est à l'administration française à
» veiller sans cesse sur la grande somme
» de prospérité qu'elle possède ; c'est à elle
» à s'inquiéter des traités de commerce.

» Le second article considérable d'expor-
» tation, c'est, comme on l'a vu, celui des
» denrées des îles : et ce commerce est
» digne également de la plus grande atten-
» tion.

» M'arrêterai-je à ces discours si légère-
ment hasardés sur l'inutilité des colonies ?

» Ce qu'on leur vend, dit-on tranquille-
» ment, on le vendroit aux nations étran-
» gères, et le royaume ne perdroit rien à
» cette révolution.

» Mais crée-t-on des acheteurs à son gré ?

» Ce n'est pas faute d'une quantité suffisante » de toiles, de draps et d'étoffes de soie » qu'on ne vend pas davantage aux autres » nations : ce sont les limites de leurs besoins » qui circonscrivent leurs demandes, et non » l'impuissance d'y satisfaire ; aussi, c'est » une belle politique que de convertir une » partie des denrées ou des ouvrages d'in- » dustrie du royaume dans une sorte de bien » étranger à son sol et à son climat, et dont » cependant aucun pays de l'Europe ne peut » aujourd'hui se passer.

» D'ailleurs, les marchandises qui viennent » des colonies ne sont pas seulement le » prix des productions nationales que la » France y envoie, soit directement, soit » indirectement, par ses échanges à la côte » d'Afrique, toutes ses exportations équi- » valent à peine à la moitié des retours » d'Amérique ; le surplus est la représenta- » tion et des frais de navigation, et des » bénéfices du commerce, et des revenus » que les colons dépensent dans le royaume.

» Que seroit-ce si, en négligeant des pos- » sessions si précieuses, ou si, en les per- » dant jamais, la France se trouvoit privée » de la créance du commerce qu'elle acquiert » annuellement par l'exportation des den- » rées de ses colonies ?

» Que seroit-ce si elle avoit encore à

» acheter des étrangers même la partie de » ces denrées qui est nécessaire aujourd'hui » à sa propre consommation? Une pareille » révolution suffiroit pour faire sortir de » France annuellement beaucoup plus d'ar- » gent qu'il n'y en entre aujourd'hui.

» C'est donc une propriété magnifique » que celle des colonies d'Amérique : la » grandeur de la puissance de la France » semble en assurer la grande prospérité.

» Mais ce qu'il est au moins important » de considérer, c'est à quel point l'intégrité » du commerce que faisoit le royaume avant » la guerre, et on doit dire aujourd'hui » avant la révolution, est essentielle au » maintien de sa prospérité.

» Ce n'est qu'en vendant au dehors pour » deux cent vingt à deux cent trente mil- » lions des marchandises ou manufacturées » ou apportées des colonies, que la France » obtenoit une balance de commerce de » soixante-dix millions. Ce résultat est im- » portant, et on ne doit jamais le perdre » de vue, afin de ne pas s'endormir sur » une prospérité dont on ne connoîtroit » pas le fondement.

» Les personnes disposées à arrêter leur » attention jusque sur les événemens invrai- » semblables, demanderont peut-être: Qu'ar- » riveroit-il? ou, que faudroit-il faire si,

« par une révolution extraordinaire, ce
» double commerce d'exportation venoit à
» défaillir ou diminuer considérablement?

» On peut bien apercevoir vaguement
» l'étendue d'un pareil désastre, mais on
» en décriroit difficilement toutes les con-
» séquences. »

Le sol de la France n'a point perdu de sa fertilité; l'industrie de ses habitans n'a point changé; elle a, au contraire, créé et perfectionné beaucoup d'objets de luxe; mais cela ne peut tenir lieu des produits de Saint-Domingue, que rien ne sauroit remplacer.

D'ailleurs, toutes les nations ayant senti le besoin de se suffire à elles-mêmes, ont établi des manufactures pour ne plus rester tributaires de leurs voisins : aussi, nos exportations ont-elles considérablement diminué : nous avons seulement conservé la prépondérance que nous donne une prédilection constante et marquée pour les fournitures de tous les objets précieux de luxe et de mode, qui ne peuvent être imités nulle part, à cause de cette variété et de cette mobilité dans le goût et l'élégance des formes, qui caractérisent si éminemment le génie d'une nation qui possède le secret de vieillir le soir même ses ingénieuses inventions du matin. Mais cet avantage est trop foible pour pouvoir être mis en parallèle avec celui que la France retiroit autrefois du débit de ses denrées coloniales dans tous les marchés de l'Europe et de l'Amérique, où le sucre et le café sont devenus d'un usage universel. Oui, sans doute, aucune de ses colonies n'en produisoit aussi abondamment et d'une qualité aussi supérieure que Saint-Domingue. On se rappelle encore que la seule plaine du Cul-de-Sac, environnant la ville du Port-au-Prince, chef-lieu du département de l'Ouest de cette colonie, donnoit à la métropole plus de sucre que l'île entière de la Martinique. Et ces mines, rivales de celles du Potosi, ne sont point encore rentrées au pouvoir de la France! Incompréhensibles et terribles, mais inévitables effets des révolutions!

Le commerce est l'âme d'un Etat: il en vivifie toutes les branches, il en fortifie tous les ressorts en les tenant toujours en mouvement; sans commerce, tout souffre, tout s'éteint; sans commerce, plus d'accroissement dans les richesses territoriales qui ne peuvent, comme les manufactures, augmenter que par des exportations, et ces exportations nécessitant une navigation soutenue et active, créent nécessairement des marins, sans lesquels il n'existe point de marine militaire, marine indispensable à la sécurité des mers, et à la conservation de ses colonies.

Ainsi, tout se lie, tout s'enchaîne et tout se tient dans l'ordre qui rend un pays heureux et florissant ; et cet ordre de choses ne renaîtra pour la France que lorsqu'elle sera parvenue à rattacher à la chaîne de ses prospérités passées et futures, l'anneau qui en reste encore séparé, et que des mains inhabiles et destructives voudroient achever de briser.

Il n'y a donc point d'efforts et de sacrifices qui ne doivent être faits pour rendre Saint-Domingue à cette France si long-temps veuve de sa plus belle possession.

Il faut occuper utilement cette nombreuse et héroïque population que le retour de la paix laisse oisive : elle doit être employée et servir essentiellement à la conquête et à la restauration de Saint-Domingue.

La France, en reprenant enfin possession de Saint-Domingue, aura bientôt rétabli et rouvert les sources desséchées de son ancienne splendeur, si elle s'empresse à y faire revivre les lois et réglemens du régime sous lequel elle a prospéré pendant plusieurs siècles, et qui avoit rendu Saint-Domingue la première colonie du Nouveau-Monde. En abordant sur ses plages, point d'innovations : elles y ont été désastreuses ; elles le sont en général partout, mais bien plus encore dans un pays où la masse des hommes qui en forment la principale population, est si loin de l'état de civilisation dont jouissent les Européens. C'est donc uniquement à l'ancien système colonial auquel il faut forcément revenir, toutefois avec quelques modifications, si vous voulez encore approprier aux avantages de la métropole l'exploitation de ses îles à sucre. Il faudra surtout se hâter de promulguer, dans toute leur force et intégrité, les dispositions si sages, si humaines du Code noir, dû aux talens et aux lumières d'un des ministres qui contribua le plus à la grandeur de ce siècle auquel se rattachent tant de brillans souvenirs : Colbert enfin, par ce Code, fit cesser l'incohérence des lois romaines qui étoient en partie suivies sur l'homme affranchi. Il faudroit également se hâter de marquer du sceau de la plus imposante réprobation, tous ces réglemens arbitraires émanés de l'autorité des chefs de la colonie, qui avoient osé porter une atteinte fatale aux dispositions d'une loi qui appeloit également, et sans distinction, tout homme de couleur libre à l'exercice des droits civils, et qui le portoit sur la même ligne que le blanc. Quelle admirable prévoyance ! car ce sont les lois d'exclusions qui fomentent et déterminent les révolutions. Il est vrai que le temps, le préjugé et la main du gouvernement avoient formé dans les colonies une ligne de démarcation entre le blanc et l'homme de couleur libre. Cette main, toujours habile et prudente, avoit long-temps éloigné des emplois et des places dont la nomination appartenoit exclusivement au Roi, non-seulement l'homme de couleur libre, mais encore le créole blanc : par là, il évitoit les rivalités, il éteignoit cette haine qui naît de l'ambition. Les Européens arrivoient, occupoient toutes les places : on s'écarta à la fin de cette mesure, et le créole blanc obtint des emplois. Cette ligne de démarcation fut alors plus fortement tracée, et acheva d'irriter l'amour-propre de l'homme de couleur libre, quand surtout parut un de ces réglemens arbitraires dont on vient de parler. Ce réglement contraignoit l'individu de couleur libre, de tout sexe et de tout âge, à chercher et à choisir un nom dans l'idiome africain, et à se dépouiller de celui qu'il portoit ; et, pour assurer l'exécution de ce réglement, il étoit enjoint à tout officier public, notaire et curé, de passer aucun acte en leur faveur sans avoir pris ce nom africain. L'esprit de délire et d'erreur qui dicta cette loi, annonçoit déjà la chute prochaine de Saint-Domingue.

On ne présentera pas ici le développement d'aucun plan sur les moyens de se ressaisir de cette colonie, et de la rendre à son ancien et légitime souverain; mais on dira seulement que vingt-cinq mille hommes de troupes, auxquelles on joindroit huit mille noirs enrégimentés et bien disciplinés, seroient plus que suffisans pour y ramener l'ordre et la tranquillité. Que l'on ne s'effraie point de l'armement de ces huit mille noirs : que l'on interroge à cet égard tous les officiers de l'armée anglaise qui ont servi à Saint-Domingue, tous diront de quelle utilité, de quel avantâge, de quelle fidélité, ont été ces corps noirs, quoique constamment employés, en rase campagne, à combattre d'autres noirs dont ils venoient de se séparer, et qui combattoient pour une liberté illusoire : jamais de désertion, et ces soldats noirs se rallioient même, après la défaite, à leurs drapeaux. Mais ces corps, formés et organisés d'après une ordonnance de création sagement méditée par d'anciens colons qui connoissoient parfaitement le caractère et l'opinion du nègre, l'avoit d'abord fait acheter de son maître par le gouvernement, qui lui promettoit sa liberté au nom du roi d'Angleterre, s'il restoit attaché et fidèle à ses drapeaux pendant l'espace de sept années consécutives. Ces dispositions de l'ordonnance étoient basées sur l'opinion du nègre que son maître seul peut le rendre vraiment libre. Ce nègre, qui savoit que le roi d'Angleterre l'avoit acheté de son maître pour l'affranchir à telle condition, ne doutoit plus que sa liberté lui seroit un jour acquise et donnée : aussi n'a-t-il jamais trahi ; et à l'époque que l'armée anglaise évacua les parties qu'elle occupoit à Saint-Domingue, les corps noirs furent aussi embarqués, et ils forment encore aujourd'hui les garnisons de différentes îles anglaises en Amérique. Ainsi donc, si, sur les bords baignés par l'Océan indien, les Anglais apprirent des Français à armer les Cipayes, à notre tour nous aurons appris d'eux à armer le nègre dans les Antilles, dont le noir est le véritable comme le meilleur soldat. Que la même ordonnance soit remise en vigueur par le gouvernement français en rentrant à Saint-Domingue ; que la création des corps noirs, si nécessaire à son rétablissement, ait lieu, et les plus grandes difficultés n'existeront bientôt plus. Les hommes se laissent facilement guider par l'expérience des choses ; et si le nègre a cru à la liberté qui lui étoit offerte et garantie par le roi d'Angleterre, à plus forte raison la croira-t-il bien plus certaine lorsqu'elle lui sera promise par un Bourbon. On ne peut nier que la généralité des noirs, qui forment aujourd'hui la population de Saint-Domingue, réduite depuis la révolution à la moitié, ne soit encore agitée des mêmes craintes, des mêmes doutes sur une liberté à la réalité de laquelle le nègre ne peut croire sans le consentement de son maître : et, pour preuve de cette vérité, il y auroit mille exemples à citer par ceux des propriétaires qui ont vécu à Saint-Domingue pendant le cours de la révolution, et plus récemment encore. Cette opinion, fondée sur un sens naturel de la part du nègre, et sur des droits imprescriptibles qui existent avant tout dans le cœur de l'homme, doit devenir le plus précieux comme le plus puissant ressort qu'aura à employer le gouvernement en s'occupant de la restauration de Saint-Domingue. Enfin, il est peut-être dans les décrets de la divine Providence, de vouloir que cette colonie renaisse de ses cendres en employant ces mêmes noirs qui ont servi à en consommer la ruine.

Se trouve chez tous les Marchands de Nouveautés.

www.ingramcontent.com/pod-product-compliance
Lightning Source LLC
LaVergne TN
LVHW010337230826
846091LV00009B/3915

9782019283377